Annette Seemann

Die Neuerfindung der Wartburg im 19. Jahrhundert

Inhaltsverzeichnis

Die Wartburg im frühen 19. Jahrhundert

Schon Johann Wolfgang von Goethe hatte die Wartburg in seiner frühen Weimarer Zeit aufgesucht. Der erste Besuch dauerte vom 6. September bis zum 9. Oktober 1777, 1784 hatte er erneut fünf Wochen lang auf der Burg gewohnt und wollte sogar 1815 auf ihr ein Museum mittelalterlicher Kunst einrichten, aber dieser Plan wurde nicht weiter verfolgt. Carl August (1757–1828), Herzog von Sachsen-Weimar-Eisenach, der Besitzer der Wartburg und der Wälder im Umkreis, sah in ihr ein Jagdquartier. Noch war das Mittelalter nicht interessant, obgleich immer wieder gerade Protestanten zu dieser Stätte als

Wikipedia

Darstellung der Wartburg von Johann Wolfgang Goethe mit dem Titel „Mönch und Nonne" vom 14. Dezember 1807. Zeichnung in der Technik: Pinsel mit Sepia über Graphit.

https://collections.thulb.uni-jena.de

„Schloß und Vestung Wartenberg bey Eisenach“, Stich von Wilhelm Richter, der die Wartburg zeigt, 1690. Abgedruckt in: Max Baumgärtel (Hrsg.): „Das Wartburg-Werk. Ein Denkmal deutscher Geschichte und Kunst. Dem deutschen Volke gewidmet von Großherzog Carl Alexander von Sachsen.“ (1907)

einem Geburtsort des Glaubens pilgerten, schließlich hatte der Reformator Martin Luther hier 1521/1522 binnen zehn Wochen die Bibel übersetzt – die früheren Wallfahrten zum Wirkort der Heiligen Elisabeth (1207–1231) hatten nach der Reformation geendet, wenngleich man sich der Heiligen weiterhin erinnerte. Doch auch frühe „Touristen“ strebten das Burgenerlebnis über Eisenach an. Carl August hatte 1793 mit der Errichtung des so genannten Neuen Hauses[1] am Hauptturm auf Fundamenten des Vorgängerbaus aus Holz aus der Zeit Friedrichs des Gebissenen von 1317 einen Anstoß für mögliche spätere Restaurierungsmaßnahmen an der Burganlage gegeben.

1 Ein Gebäude mit unklarer Funktion, 1793 durch Herzog Carl August errichtet. Neues Haus im Unterschied zum älteren romanischen Palas.

Die Vorgeschichte des Wartburgfests der deutschen Burschenschaft

Nur wenige Jahrzehnte später vereinnahmte eine gänzlich andere gesellschaftliche Gruppe die Wartburg für ihre ideologischen Ziele: Die 300. Wiederkehr des Reformationsjubiläums stand für 1817 bevor. 1813 war die französische Herrschaft in der Völkerschlacht bei Leipzig abgeschüttelt worden, in der auch zahlreiche Studenten ihr Leben aufs Spiel gesetzt hatten. Das Fest, mit dem man dieses freudige Ereignis ein Jahr später feierte, war mit zahlreichen Freudenfeuern auf vielen Höhen in Deutschland als Solidaritätsfest aller Stände gefeiert worden. In dieser Zeit wurde auch die Wartburg zu einem nationalen Symbol. Der Philosoph und Schriftsteller Friedrich Schlegel (1772–1829) bezeichnete sie gar als das Schönste, was er in Deutschland je gesehen hätte. Bei ihrem Anblick müsste man sich daran „erinnern, was die Deutschen ehedem waren“

Wikipedia

„Wartburg“ (1836). Darstellung von Friedrich Preller dem Älteren, der ab 1844 Professor der Fürstlichen freien Zeichenschule in Weimar war.

Wikipedia

„Herbstmorgen an der Wartburg“, 1890. Öl auf Leinwand, 100 × 143 cm, von Friedrich Preller dem Jüngeren (1838–1901), einem deutschen Landschaftsmaler.

Aber auch die Romantik des 18. und 19. Jahrhunderts sah in den mittelalterlichen Burgen generell ein Sinnbild für deutsche Geschichte und deutsche Nation, das leicht mit dem Wunsch nach einem einheitlichen freien deutschen Staat verbunden werden konnte. Solche Ansichten schrieben Burgbesucher, darunter viele Studenten, in die Besucherbücher auf der Wartburg. Eine besonders wirksame Stimme gab ihnen zum Beispiel Friedrich Ludwig Jahn, der „Turnvater“, der die jungen Leute zur körperlichen Ertüchtigung anhielt, um sich künftig gegenüber Franzosen und den Fürsten der deutschen Einzelstaaten im Kampf behaupten zu können. Beide Gruppen standen Jahns Ansicht nach einem einheitlichen deutschen Nationalstaat im Weg.

In übertragenem Sinne galt den protestantischen Studenten Martin Luther als ein geistiger Befreier, ja sogar Patriot und

Wikipedia

„Das festliche Jahr. Zug der Turner auf die Wartburg.“, Buchillustration nach einem Holzstich eines unbekannten Autors aus dem Werk *„Das festliche Jahr in Sitten, Gebräuchen und Festen der germanischen Völker. Mit gegen 130 in den Text gedruckten Illustrationen, vielen Tonbildern u. s. w.“*, hrsg. von Otto von Reinsberg-Düringsfeld 1863. Dargestellt sind Mitglieder der Turnerbewegung, die am 18. Oktober 1817 auf die Wartburg zum Wartburgfest ziehen.

deutscher Reformator und die Wartburg als sein Aufenthaltsort 1521/1522 wurde zum Ort der Versammlung der Deutschen Burschenschaften gewählt. Man bestimmte dazu als Zeitpunkt den 18. und 19. Oktober 1817, angelehnt an die siegreiche Völkerschlacht bei Leipzig (16.–19. 10. 1814) – außerdem war der Reformationstag nicht fern, womit die Versammlung sich in die Tradition zweier Jubiläen stellte.

Wikipedia

„Verbrennung eines Schnürleibs der preußischen Garde, eines österreichischen Korporalstocks (....)“. neukolorierter Holzstich, um 1880, der die Bücherverbrennung auf dem Wartburgfest darstellt.

Die Durchführung des Wartburgfests

Drei Jahre später war der Charakter des Wartburgfests jedoch ein gänzlich anderer als der der Freudenfeiern 1814. Die Aufgabe der deutschen Länder, Landesverfassungen einzuführen, war nur in wenigen Staaten, darunter Sachsen-Weimar, eingelöst worden (in Preußen und Österreich sollte es noch bis 1848 dauern). Inzwischen standen die jungen Leute, besonders die Studenten, wegen dieser nicht eingelösten Verfassungs-Versprechungen den Fürsten kritisch gegenüber: So wurde das Wartburgfest kein allgemeines Fest mehr wie die Freudenfeuer, sondern das der jungen künftigen Eliten, der bürgerlichen protestantischen Studenten. Der Impuls ging sowohl von der Universität Jena aus, als auch von Mitgliedern der Burschenschaft, den radikalen Giessener Studenten und südwestdeutschen Oppositionszirkeln.

Weimar und Jena waren auch als Sitz der Denker (Professoren), die die idealistische Philosophie formuliert hatten (Fichte, Hegel, Schelling), als Entstehungsorte der klassischen deutschen Literatur (Goethe, Schiller, Wieland, Herder) und der Jenaer Frühromantik sowie des beginnenden akademischen Nationalismus (durch den Historiker Heinrich Luden in Jena) bekannt, sie galten daher als avantgardistisch. Beispielsweise wurde hier Pressefreiheit durch den Großherzog gewährt. Reiste man zur Wartburg, begab man sich in einen Modellstaat mit seit langem schon fortschrittlicher Geistestradition, denn hier wurde sehr früh die idealistische Philosophie Kants gelehrt, wurden die Ideale der Französischen Revolution Gleichheit, Freiheit, Brüderlichkeit diskutiert und teilweise befürwortet.

Im Großen Rittersaal des Landgrafenhauses (Palas) der Wartburg – damals noch ein niedriger holzverkleideter Raum

mit kleinen Fenstern und Fürstenbildern der Renaissance in Lebensgröße – versammelten sich am 18. Oktober um 10 Uhr die Festteilnehmer, die von Eisenach, zumeist schwarz gekleidet und mit einem Kranz von Eichenlaub auf dem Kopf, in feierlichem Zug zur Wartburg hochgekommen waren. Vorangeschritten war der Anführer und spätere Philosophieprofessor, damals Jenaer Student, Karl Hermann Scheidler mit dem Burschenschwert in der Hand. Auch die in Jena handgestickte Burschenschaftsfahne, schwarz rot mit goldenem Eichenlaub, war dabei, die neben dem Rednerplatz aufgestellt wurde. Studierende aller anwesenden Landsmannschaften folgten Scheidler als „Burgmänner“. Die Zahl der Anwesenden wird auf 500 bis 800 geschätzt, das wären damals 5 % aller Studenten im Deutschen Bund gewesen, wobei auch Nichtstudenten anwesend waren. Unter den Studenten dominierten die aus Nord- und Mitteldeutschland, überwiegend waren es Juristen, evangelische Theologen, Mediziner und in der Philosophischen Fakultät eingetragene Studenten. Sie beteten kurz und sangen Luthers Lied *Ein feste Burg ist unser Gott* – kein passenderes hätte gewählt werden können. Im Polizeibericht wurde jedoch von „Entweihung der Religion“ gesprochen.[2] Dann sprach der Theologiestudent Heinrich Riemann über Luther als Wiederbringer des Gottesglaubens und gleichzeitig der Freiheit und Einheit Deutschlands: geistig und real (national). Die Feier endete erneut mit einem Choral, *Nun danket alle Gott*, und einem Schlusssegen.
Anschließend diskutierte man: Lorenz Oken, Professor für Medizin, Naturforschung und -philosophie, forderte die Studenten zur Gründung einer einheitlichen burschenschaftlichen Vereinigung auf. Im Anschluss wurde in Eisenach ein Gottesdienst besucht. Die Burschenschaftler stellten sich danach auf dem Marktplatz zu einem Vivat auf, begegneten dort

2 Vgl. Günter Steiger: Urburschenschaft und Wartburgfest. Aufbruch nach Deutschland. Leipzig, Jena, Berlin 1991, S. 110.

Wikipedia, A. Savin

Festsaal der Wartburg mit der Fahne der Ur-Burschenschaft links oben im Bild.

Angehörigen des Landsturms[3], die sich mit ihnen solidarisierten, und zeigten ihre Turnkunst. An diesem ständig zwischen gottesdienstlichen und patriotischen Aktionen wechselndem Ablauf erkennt man, wie beide Elemente, Patriotismus und Frömmigkeit, für die Studenten eine Einheit bildeten, was sie eigentlich nicht waren. Die Reformation wurde verstanden als erster Baustein für die Neuordnung der Nation. Für die Studierenden stand also kurzgefasst Luther als Symbol für Deutschland, und die Wartburg entsprechend ebenso.

Auf dem Wartenberg (gegenüber der Wartburg) wurde anschließend gegen 18 Uhr, mit dem Fackelzug kommend, das Siegesfeuer begrüßt. Spät kam es zu der berühmten

3 Die gesamte nicht militärisch rekrutierte erwachsene männliche Bevölkerung, die zur Verteidigung des Landes als letzte Reserve diente.

Bücherverbrennung in Anlehnung an die demonstrative Zerstörung der Bannandrohungsbulle am 10. Dezember 1520 durch Luther. Über 25 Buchtitel wurden ins Feuer geworfen, es handelte sich aber nur um Papier, auf das die entsprechenden Titel geschrieben worden waren.

Allgemein wurden alle Autoren verurteilt, die die Restauration begrüßten, Repräsentanten des preußisch gesinnten Beamtentums und Gegner des Turnwesens. In diesem Kontext wurden auch die Schriften des Publizisten und Literaten August von Kotzebue (fälschlich als zaristischer Agent verfemt) und symbolisch ein Ulanenschnürleib, ein (hessischer) Zopf und ein (österreichischer) Korporalstock verbrannt. Allerdings fielen auch fortschriftliche Schriften ins Feuer, etwa der *Code Napoléon* – er wurde wahrscheinlich als ein Symbol für die Fremdherrschaft eingeschätzt – und auch die Werke des jüdischen Aufklärungsschriftstellers Saul Ascher (*Germanomanie*, 1815) sowie des Begründers der Waisenfürsorge in Berlin, Friedrich Wadzeck, wurden geschmäht. Im Falle Aschers wurde Judenfeindliches bei dem Verbrennen der Schriften gerufen.

Das Fest klang friedlich aus. Die Bücherverbrennung hatte jedoch viele Menschen aufgerüttelt, wenn nicht schockiert – keineswegs war aber eine konkrete politische Agenda beschlossen worden. Der Ausdruck des patriotischen Gefühls stand damals für die Studenten im Vordergrund.

Die Vorgeschichte der Rekonstruktion der Wartburg durch Großherzog Carl Alexander

1741 erst fiel das Fürstentum Sachsen-Eisenach an Sachsen-Weimar, da die Fürstenlinie in Eisenach erloschen war. Dass in Eisenach eine sehr alte Burg stand, wusste der junge Ehemann der Herzogin Anna Amalia, Ernst August II. Constantin, auch dass sie „conservieret“ zu werden verdiente, doch mit 100 Talern jährlich war eine Bauerhaltung nur unzureichend möglich.

Inzwischen hatte die Literatur die Burgenromantik und das damit verbundene Mittelalter als rückwärtsgewandte Utopie entdeckt: Nach 1800 gab es in der deutschen romantischen Literatur zahlreiche Werke, die die Wartburg thematisierten: Diesen Künstlern gemeinsam war der Gedanke der Belebung der Kultur aus dem Geist des Mittelalters, indem sie Stoffe aus Sagen und Märchen verarbeiteten. Nach der Wiederentdeckung des Nibelungenlieds Ende des 18. Jahrhunderts forschte man nun auch zu Quellen zum berühmten (sagenhaften) Sängerkrieg auf der Wartburg: 1818 war August Zeunes Auswahl *Der Krieg auf der Wartburg nach Geschichten und Gedichten des Mittelalters* erschienen.

Besonders die Großherzogin Maria Pawlowna hatte die Bedeutung der Wartburg für die Außenwirkung des kleinen Fürstentums verstanden und ließ einen Maskenzug zum Geburtstag ihres Ehemanns Carl Friedrich 1830 unter dem Titel *Der Sängerkrieg auf der Wartburg* aufführen (noch unter Goethes Ägide als „Zeremonienmeister“). Wenige Jahre später wurde für die Ausgestaltung des Conseilsaals im Weimarer Schloss unter anderen auch eine Darstellung von Eisenach und der Wartburg von Adolf Kaiser ausgesucht. Der Zusammenhang Weimar-Wartburg sollte deutlich werden und Kontinuität in der Förderung von Religiosität und Kultur durch die Fürstendynastie glaubhaft versichern.

akg-images, AKG 387729

„Der Sängerkrieg auf der Wartburg“ (1838). 130 × 104 cm, Öl auf Leinwand von Carl Alexander Simon.

Carl Alexander beauftragt die Rekonstruktion

Zu diesem Zweck müsste die Burg wieder errichtet werden, befand die Großherzogin: Daher hatte sie 1838 ihren erst 20 Jahre alten Sohn Carl Alexander dorthin geführt und ihm das Versprechen abgenommen, die Burg wiederherzustellen. Nach Carl Alexanders Überzeugung waren die Zeugnisse des Mittelalters gleichwertig mit denen der Antike. Daher erkannte er in der Burg ein nicht nur für sich und seine Familie, sondern für die Region, ja ganz Deutschland identitätsstiftendes Denkmal: Die Wartburg wäre imstande, aufgrund ihrer Bedeutung in verschiedenen Geschichtsepochen, die für die Deutschen zentral sind (oder sein sollten), die wichtige Funktion eines Identitätssymbols zu übernehmen. Dem Freund ihres Sohns Carl Alexander, dem Maler und Schriftsteller Carl Alexander Simon, gab die Großherzogin damals den Auftrag, ein Historienbild bei freier Themenwahl zu malen, woraufhin sich dieser für den *Sängerkrieg auf der Wartburg* entschied. Noch 1838 wurde das Gemälde fertig gestellt. Simon hatte zuvor auf der mittlerweile sehr verfallenen Burg auch Bauuntersuchungen vorgenommen. 1839 legte er dann Pläne zur Rekonstruktion des Baus unter dem Titel *Die Wartburg. Eine archäologische Skizze* vor, eine Denkschrift, die die Konzeption und Entwürfe für die Wartburgrestaurierung enthielt. Selbst ging er jedoch bald andere Wege.

Indes war Carl Alexander 1841 von seinem Vater als Protektor der Wartburg eingesetzt worden und schrieb: „Meine Idee ist nämlich die, nach und nach die Wartburg zu einer Art Museum für die Geschichte unseres Hauses, unseres Landes, ja von Deutschland zu gestalten." Ein Jahr zuvor war Bernhard von Arnswald als erster Burgkommandant oder Burghauptmann eingesetzt worden. Er identifizierte sich sofort mit der

Burg und eignete sich alle verfügbaren Kenntnisse an. Als erstes wurden die Räume neben der Lutherstube in der Vogtei als Quartiere für die Besuche der Fürsten hergerichtet – und das blieben sie auch.

Wikipedia, Holger Uwe Schmitt

Das Fürstenschlafzimmer auf der Wartburg.

Der Wartburg-Kontext in den Künsten

Vielfach griffen damals Künstler aller Sparten das Thema *Mittelalter*, noch spezieller: *Wartburg* auf. Auch Richard Wagner mit seiner Oper *Tannhäuser* bezog sich dezidiert auf die Sage des Sängerkriegs auf der Wartburg: Die Quelle, aus der die Sage stammt, ist die *Dichtung vom Wartburgkrieg*, die etwa um 1260 entstand. Die Ouvertüre der Oper wurde im Revolutionsjahr 1848 durch den Hofkapellmeister in außerordentlichen Diensten in Weimar, Franz Liszt, dort vorgestellt. Er strich damit die Kontinuität des Kulturmäzenatentums der Weimarer Fürsten seit dem Mittelalter heraus. Die gesamte Oper wurde an Großherzogin Maria Pawlownas Geburtstag, dem 16. Februar 1849, von Liszt dirigiert, aufgeführt. Sie wurde zum am meisten gespielten musikalischen Werk des Hoftheaters. Dass es bei der Oper nicht um die Vermittlung von historischem Faktenwissen ging, störte niemanden.

Wikipedia

Uraufführung der Oper „Tannhäuser“ von Richard Wagner am 19. Oktober 1845. Zu sehen ist eine Szene mit Joseph Tichatschek in der Rolle als Tannhäuser und Wilhelmine Schröder-Devrient als Venus. Zeichnung von F. Tischbein 1845.

Wikipedia

„Die Nordseite der Wartburg nach dem Wiederherstellungsplan“. Skizze Hugo von Ritgens zum Wiederaufbau der Wartburg 1848, abgedruckt in: Wartburgjahrbuch, 5. Heft, 1927.

https://collections.thulb.uni-jena.de

Skizze Hugo von Ritgens zur Wiederherstellung der Wartburg 1847. Darstellung der Westseite der Burg nach von Ritgens Vorstellungen. Federzeichnung, Breite 56 cm. Abgedruckt in: Max Baumgärtel (Hrsg.): „Das Wartburg-Werk. Ein Denkmal deutscher Geschichte und Kunst. Dem deutschen Volke gewidmet von Großherzog Carl Alexander von Sachsen.“ (1907)

Grundsätze der Rekonstruktion und Umsetzung

War die Einbindung in ein griffiges an der Vergangenheit orientiertes Modell der Förderung auch der zeitgenössischen Kunst bereits voll entwickelt, so dauerte es doch Jahre, bis nach fünf Versuchen der richtige Architekt gefunden war, der die Wartburg so restaurieren wollte, wie es Carl Alexander vorschwebte. Zeitweise arbeiteten auch mehrere Architekten unabhängig voneinander an Plänen für die Rekonstruktion, so Ferdinand von Quast (1807–1877), der preußische Staatskonservator ab 1843, und Hugo von Ritgen (1811–1889) in den Jahren 1846–48. Auch Ritgen, wie Simon, gab zusätzlich eine Studie ab, *Gedanken über die Restauration der Wartburg*, die er 1847 vollendete. In dieser beschrieb er, dass er die Burg nach gründlicher Erforschung umfassend erneuern und ergänzen sowie stilvoll (im Geist der Zeit) ausstatten wollte. Auch legte er dar, dass die Westseite des Burghofs fast ganz von Gebäuden besetzt gewesen sei, und so wollte er sie wieder gestalten. Im Süden hätte demnach lediglich das Badehaus (Ritterbad) gestanden.

1848 wurde Hugo von Ritgen vertraglich mit der Rekonstruktion der Wartburg betraut. Er schrieb: „Das höchste und letzte Streben der Restauration müsste es also sein, jeden der historisch merkwürdigen Räume so auszustatten, dass er gleich einem historischen Gemälde, den Beschauer unmittelbar in das gerade in diesem Raume selbst vorgegangene Leben der Wartburg-Vorzeit versetzt...“[4]

---

4 Vgl. Hugo von Ritgen. In: Max Baumgärtel (Hg.): Die Wartburg: ein Denkmal deutscher Geschichte und Kunst. Berlin 1907, S. 433.

Auch für Carl Alexander war die Wartburgrekonstruktion eine Lebensaufgabe, die erste denkmalpflegerische Großaktion im Fürstentum Sachsen-Weimar und Eisenach.[5] Die Arbeiten wurden ganz im Geist des Historismus ausgeführt und vom Herzog bis in kleinste Details begleitet – das galt etwa für die Dacheindeckung mit lasierten Ziegeln, damit sie „gülden" glänzten, wie es eine mittelalterliche Chronik beschrieb. Außerdem stellte er sich einerseits eine Rekonstruktion der Burganlage als nationales Denkmal vor – in einer ersten Phase ersehnte er sich sogar das Germanische Nationalmuseum in den Räumen der Burg – doch andererseits wünschte er für sich und seine Familie auch eine voll eingerichtete Wohnung auf der Burg.

Damit war die prinzipielle Frage, wie man angesichts nur relativ weniger erhaltener Baureste bei der Rekonstruktion vorgehen sollte, bereits entschieden: Die thüringischen Chroniken wie auch Burgen von ähnlicher Bedeutung in Deutschland, die vom Großherzog und von Ritgen besucht wurden, dienten als Material, aus dem die Erkenntnisse und Rekonstruktionsideen geschöpft wurden: So war es sofort Konsens, den romanischen Palas von späteren Überformungen, die bis in das 16. Jahrhundert vorgenommen worden waren, zu befreien. Ritgens Erkenntnis aus seinen Studien war ebenfalls, dass nur der Palas und die Türme mehr als nur ein Stockwerk besessen hatten, und erst im 13. Jahrhundert hätte man die anderen Gebäude (Kemenaten) um ein bis zwei hölzerne Stockwerke erhöht. Er gab den einzelnen Gebäuden funktionale Zuordnungen, diese erschloss er aus Burgen, an deren Bauweise er sich orientierte, (die Burg Münzenberg, die Kaiserpfalz Gelnhausen und die Wasserburg Seligenstadt): Daher wurde ihm klar, dass der Palas die landgräfliche Wohnung gewesen sein musste. Im mittleren Stockwerk des Palas habe sich die fürstliche Wohnung

5 Jutta Krauß: Die Bedeutung des Großherzogs Carl Alexander in der thüringischen Denkmalpflege des 19. Jahrhunderts. In: Lothar Ehrlich und Justus H. Ulbricht (Hg): Carl Alexander von Sachsen-Weimar-Eisenach: Erbe, Mäzen und Politiker. Köln, Weimar, Wien 2004, S. 229–246.

Wikipedia, Hans Weingartz

Das 1889 fertiggestellte Ritterbad auf der Wartburg.

befunden, der Residenzraum im Landgrafenzimmer, der Saal südlich davon habe in der ersten Phase als Speise-, Audienz- und Festsaal gedient. Insgesamt konstatierte Ritgen auch sechs Phasen der Entstehung der Burg im Mittelalter:

1. Erbauung 1067–1107
2. Erweiterung und Verschönerung (3. OG des Palas) 1130–40
3. Brand 1317
4. Wiederherstellung und Erweiterung 1319–21
5. Ausbesserungen durch Friedrich den Weisen 1507
6. Ausbesserungen durch Johann Friedrich 1539 und durch Johann Ernst 1620–28

Im Einzelnen wurden folgende Bauteile restauriert bzw. rekonstruiert:

Palas (1847–70), Neue Kemenate (1846–1860) an der Stelle des Neuen Hauses, Bergfried (1853–59), Kapelle (1855 nach Fertigstellung geweiht), Dirrnitz (als Rüstkammer genutzt, anstelle der Hofstube 1867 errichtet), Gadem (Gästehaus, 1874–77), Ritterbad (erst 1889, durch Otto von Ritgen, den Sohn Hugo von Ritgens, errichtet).

Die Wartburg-Rekonstruktion sollte für den bayerischen König Ludwig II. vorbildhaft für sein Schloss (Neuschwanstein)-Hohenschwangau werden. Anders als Ludwigs Märchenschloss wurde die Wartburg jedoch sofort für Besucher zugänglich gemacht, denn das Fürstenpaar hatte klug erkannt, dass der Ort – auch – gewissermaßen ein „mittelalterlicher Ersatz“ für das damals schon seit langem verschlossene Goethehaus sein würde. Begeisterte Deutsche, aber auch Lutheraner aus aller Welt besuchten die Burg, denn sie war wie Goethes und Schillers Werke für viele Deutungsmuster offen.

Wikipedia, Krzysztof Golik

Das 1867 errichtete Dirnitz-Gebäude auf der Wartburg auf einem Foto 2018.

Einbindung der Wartburg in das Programm des Gedenkens in Weimar

Die Wartburgrekonstruktion passte sich ideal in das Programm des Gedenkens in Weimar ein, das Carl Alexander nach dem Tod seines Vaters 1853 ganz im Sinne seiner Eltern (und Goethes) fortführte und das unter anderem Denkmäler für die einst in Weimar lebenden Dichter Christoph Martin Wieland und Johann Gottfried Herder, sowie das bekannte Goethe-Schiller-Denkmal umfasste, dessen Errichtung Carl Alexander durch eine große übernationale Spendenaktion realisieren konnte. Im Jahr 1857 jährte sich der Geburtstag seines Großvaters Carl August, Goethes Freund, zum 100. Mal, der ideale Anlass, um an diesem 3. September den Grundstein für ein Carl-August-Denkmal am heutigen Platz der Demokratie zu legen. Öffentlichkeitswirksam

LZT

Das Goethe- und Schiller-Denkmal in Weimar.

wurden am selben Tag die beiden zuvor in einem langen Prozess entwickelten Denkmäler Wielands am gleichnamigen Platz und Goethes und Schillers am Theaterplatz enthüllt. Insbesondere letzteres wurde ein Symbol für Weimar und im Ausland sogar für Deutschland insgesamt. Damit nicht genug. Das Festwochenende band weitere Höhepunkte kultureller Art ein und wurde selbst zu einem Gesamtkunstwerk: Nach der Aufführung eines eigens komponierten *Weimarischen Volkslieds* von Franz Liszt und seiner *Faust-Symphonie* sowie der Aufführung einzelner Akte aus dramatischen Werken Goethes und Schillers fuhr vom Bahnhof Weimar aus ein vom Großherzog bestellter und unentgeltlich nutzbarer Sonderzug nach Eisenach ab. Er sollte dem Publikum die Fortschritte bei der Wartburg-Restaurierung zeigen, vor allem die vom Großherzog in Auftrag gegebenen Fresken Moritz von Schwinds

Wikipedia, Holger Uwe Schmitt

Fotografie der Fresken Moritz von Schwinds mit Darstellungen der Heiligen Elisabeth im Palas der Wartburg.

Wikipedia

„Der Sängerkrieg“. Fresko von Moritz von Schwind aus dem Jahr 1855.

(1804–1871). Von Schwind hatte die Wartburg 1849 erstmals besucht, als der Großherzog einen Künstler suchte, der die von Ritgen rekonstruierten Räume im ersten Geschoss des Palas der Burg „der Idee der Rekonstruktion gemäß“ ausmalen konnte. Sieben Fresken stellen die Geschichte der Thüringer Landgrafen dar, auf sechs Fresken sieht man Szenen aus dem Leben der Heiligen Elisabeth, das große Sängerkriegsfresko im kleinen Festsaal krönt das Ensemble. Nicht gering war die Überraschung, als die Festgesellschaft in den Gestalten des Sängerkriegs, des Landgrafen, seines Umfelds, aber auch der mittelalterlichen Sänger die eigenen weimarischen (berühmteren) Zeitgenossen erblickte. Carl Alexander selbst hatte die Auswahl mitbestimmt und etwa seinen Sohn als den Knaben links im Vordergrund ausgewählt, den Burghauptmann von Arnswald und Graf Henckel von Donnersmarck ebenfalls. Die Landgräfin Sophie des Mittelalters wurde im Fresko mit den Zügen Anna Amalias ausgestattet und Franz Liszt mit Laute als Wolfram von Eschenbach porträtiert. Natürlich durften Goethe und Schiller nicht fehlen, ebenso wenig Richard Wagner und der Architekt der Rekonstruktion von Ritgen, Carl Alexander selbst und schließlich am linken Rand auch noch Luther als Junker Jörg. Die Zeitgenossen waren begeistert. Auch dieser „Coup" diente dazu, die ruhmvolle Vergangenheit in die – hoffentlich – ebenso ruhmvolle Gegenwart zu transponieren und dem Betrachter die Kontinuität aller Religion und Kultur in diesem Land glaubhaft zu machen.

Auch die ursprünglich ausschließlich der fürstlichen Familie vorbehaltenen Luther- oder Reformationszimmer konnten 1857 ausnahmsweise besichtigt werden. Somit wurden bei dieser Gelegenheit alle bedeutenden Stationen der Wartburggeschichte erstmals auch visualisiert. Den Abend beschlossen in Weimar musikalische Darbietungen, die einen Bezug zu Schillers und Goethes Werken hatten, aus der Feder von Liszt und Franz Schubert.

Für Carl Alexander, der sich die Wartburg-Rekonstruktion als fast lebenslanges Projekt vorgenommen hatte, sollte die Wartburg nationales Denkmal und Museum sein.

Zwischen 1857–60 beschäftigte der Großherzog auch den Dichter Victor von Scheffel mit der Aufgabe eines Wartburg-Romans. Scheffel residierte länger auf der Burg, konnte jedoch die vielen Stoffe und Stränge nicht zu einem Werk vereinigen. Stattdessen entstanden kleinere Werke, *die Juniperus-Novelle*, sowie die Gedichtsammlungen *Frau Aventiure* und *Bergpsalmen*, alle von der Wartburgatmosphäre inspiriert.[6]

1858 erschien dann aus der Feder des Meininger Märchen- und Sagensammlers Ludwig Bechstein ein ganzer Reigen von Sagen zur Wartburg, die einerseits die mittelalterliche Gründungs- und Verteidigungsgeschichte um Ludwig den Springer und Friedrich den Gebissenen, andererseits die Heilige Elisabeth und schließlich die sich um Luther rankenden Geschichten, Junker Jörg auf der Burg, die Geschichte vom Teufel und vom Tintenfass etc. in Erinnerung riefen.

6 Weitere Wartburg-Deuter und für sie begeisterte Künstler waren: Karl Simrock, Richard Voß, Otto Roquette und August Trinius. Die Wartburg war zum Symbol geworden.

Wikipedia, Alexander Hauk

Das Lutherzimmer auf der Wartburg.

1863 ließ Carl Alexander ein weithin sichtbares vergoldetes Kreuz auf dem Bergfried der Burg anbringen – für ihn als toleranten Fürsten waren die katholische Bedeutung, verkoppelt mit der Heiligen Elisabeth, und die protestantische Bedeutung, gekoppelt an Martin Luthers folgenreichem Aufenthalt auf der Burg, kein Widerspruch, im Gegenteil: die Wartburg konnte aus diesem Grund für alle Deutschen sinnstiftendes Symbol sein.

Wikipedia, Metilsteiner

Turmkreuz auf dem Bergfried der Wartburg.

Die Wartburg als Ort öffentlichkeitswirksamer und symbolischer Feiern

1867 konnte auf der wesentlich rekonstruierten Wartburg ihr achthundertjähriges Bestehen gefeiert werden, erneut am Geburtstag Goethes, dem 28. August. Der Beginn des Jubiläumstages wurde mit einem Gottesdienst in der Kapelle der Burg begangen. Es folgte die Predigt auf dem Burghof, dann das Festessen im Landgrafen- und Sängersaal im Palas. Eine Ausstellung zur Heiligen Elisabeth konnte in der Elisabeth-Kemenate betrachtet werden. Liszt hatte sich überreden lassen, sein zum Thema passendes Oratorium *Legende der Heiligen Elisabeth* im Festsaal aufzuführen.

Wikipedia, Holger Uwe Schmitt

Die Elisabeth-Kemenate auf der Wartburg.

Inspirierender Ausgangspunkt für Liszts Komposition waren bezeichnenderweise hierfür Schwinds Fresken vom Leben der Heiligen auf der Burg. Ein Volksfest im Marienthal beschloss den Abend. Lediglich die Bevölkerung war unzufrieden, da die Wartburg als Lutherort in dieser festlichen Inszenierung nicht vorkam.

Diese Kritik aus der Bevölkerung als gerechtfertigt erkennend ließ Carl Alexander in den Jahren 1872 bis 1878 durch den Künstler Ferdinand Pauwels die Reformationszimmer mit Gemälden zu Luthers Leben ausstatten: Das gotische Zimmer mit sieben Gemälden zu Luthers Jugend bis 1518, das Renaissance-Zimmer dann durch Paul Thumann mit Bildern aus Luthers Leben aus den Jahren 1517–1521, insgesamt jene Szenen, die im allgemeinen Bewusstsein verankert sind: Luther verbrennt die Bannbulle, Luther auf dem Reichstag zu Worms etc. waren zu sehen. Das südliche Reformationszimmer wurde zwischen 1877–82 durch die Professoren der Kunsthochschule Struys und Linnig aus Weimar mit je drei Gemälden bestückt, dieser Raum ist ebenfalls im Renaissance-Stil ausgestattet: Hier wurden die letzten Lebensjahre Luthers dargestellt. Auch in einem dieser hier hängenden Bilder, *Luther predigt*, gibt es erneut Gegenwartsbezug durch Porträtierungen von Zeitgenossen, etwa des Großherzogs oder des Verlagsbuchhändlers Hermann Böhlau, der seit 1883 die große kritische Ausgabe der Werke Martin Luthers herausgab.

1873 war die Wartburg der Ort, an dem Carl August, der einzige Sohn Carl Alexanders, mit seiner Cousine Pauline von Sachsen getraut wurde. Liszt hatte erneut auf einen Text Victor von Scheffels für den Anlass vertont: *Wartburg Lieder* oder: *Der Braut Willkommen auf Wartburg*. 500 Menschen erlebten an diesem 23. September diese Aufführung – so wurde das Narrativ Wartburg fortgesponnen.

1879 feierte Carl Alexanders ältere Schwester Augusta (1811–1890), seit 1829 mit dem späteren Kaiser Wilhelm I. von Preußen verheiratet, ihre goldene Hochzeit auf der Wartburg – keine aussagekräftigere Botschaft konnte das Paar an das kleine Fürstentum Sachsen-Weimar senden als dieses der unmittelbaren Familienzusammengehörigkeit.

Als dann Carl Alexander und Sophie 1892 ebenfalls ihre goldene Hochzeit feierten, fand in Weimar ein großer Festzug statt. Es gab auf einem Festwagen ein Modell des Sophienstifts, das die Großherzogin sehr gefördert hatte, auf einem anderen, der sieben Meter lang war, ein Modell von Carl Alexanders Lieblingsprojekt, der wiedererbauten Wartburg mit Bürgern, die Luther, die Heilige Elisabeth usw. mimisch darstellten, zu sehen. Diesen Wagen hatten Stadt und Land Eisenach finanziert – ein Geschenk, das auf den engen Konnex der Städte Weimar und Eisenach samt Wartburg verweisen sollte. Er galt als Glanzpunkt des Fests.

Wikipedia

Burghof der Wartburg zwischen 1890 und 1905, nachträglich koloriertes Foto.

https://collections.thulb.uni-jena.de

Burghauptmann Hans Lucas von Cranach vor dem Eingang des Ritterhauses 1904. Abgedruckt in: Max Baumgärtel (Hrsg.): „Das Wartburg-Werk. Ein Denkmal deutscher Geschichte und Kunst. Dem deutschen Volke gewidmet von Großherzog Carl Alexander von Sachsen." (1907)

Ausklang

1907 erschien ein monumentaler Prachtband zur Wartburg: *Das Wartburg-Werk. Ein Denkmal deutscher Geschichte und Kunst. Dem deutschen Volke gewidmet von Großherzog Carl Alexander von Sachsen.* In den 14 Kapiteln kam der Mäzen des Bands, Großherzog Carl Alexander, verstorben 1901, in einem großen Kapitel noch einmal selbst zu seinem Lebenswerk, der Neuerrichtung der Wartburg, zu Wort.

Cover des 1907 von Max Baumgärtel herausgegebenen Prachtbandes zur Wartburg: „Das Wartburg-Werk. Ein Denkmal deutscher Geschichte und Kunst. Dem deutschen Volke gewidmet von Großherzog Carl Alexander von Sachsen."

https://collections.thulb.uni-jena.de

Literatur

Ernst Badstübner: Die Wartburg – historisches Bauwerk und gebautes Geschichtsmonument. Weimar 1996.

Max Baumgärtel (Hg.): Die Wartburg: ein Denkmal deutscher Geschichte und Kunst. Berlin 1907.

Karlheinz Büttner (Hg.): Aus Ludwig Bechstein's Sagensammlung: Der Sagenkranz der Wartburg. Eisenach 2014.

Carl Alexander: „So wäre ich angekommen, wieder, wo ich ausging, an der Wartburg." Ausstellungskatalog 2001 zum 100. Todestag des Großherzogs von Sachsen-Weimar-Eisenach. Mit Beiträgen von Ernst Badstübner. Wartburg Stiftung 2001.

Dieter Düding, Peter Friedemann, Paul Münch (Hg.): Öffentliche Festkultur. Reinbek bei Hamburg 1988.

Lothar Ehrlich und Justus H. Ulbricht (Hg): Carl Alexander von Sachsen-Weimar-Eisenach: Erbe, Mäzen und Politiker. Köln, Weimar, Wien 2004.

Vladimir Frömke: Die Wartburg im 19. Jahrhundert. Frankfurt am Main 2008.

Vladimir Frömke: Moritz von Schwinds Sängerkriegsfresko auf der Wartburg. Die historischen Quellen und deren Auslegung in der Kunst des 19. Jahrhunderts. Frankfurt a. M. 2008.

Grit Jacobs und Günter Schuchardt (Hg.): Zwischen Kunst, Handwerk und Industrie. Carl Alexander und die Vision von der Schönheit der Dinge. Regensburg 2018.

Jutta Krauß: Das Wartburgfest der deutschen Burschenschaft. Regensburg 2018 (2. Auflage).

Jutta Krauß: Luthers Bilderbiografie: die einstigen Reformationszimmer der Wartburg. Regensburg 2013.

Angelika Pöthe: Carl Alexander. Mäzen in Weimars „Silberner Zeit". Köln, Weimar, Wien 1998.

Alf Rößner: Weimar/ Wartburg: Carl Alexanders Kulturkonzepte für „die ganze gebildete Welt". Weimar 2011.

Günter Steiger: Urburschenschaft und Wartburgfest. Aufbruch nach Deutschland. Leipzig, Jena, Berlin 1991.